CONSIDÉRATIONS

SUR

LE RETOUR DE NAPOLÉON.

DE L'IMPRIMERIE DE MADAME VEUVE JEUNEHOMME,
rue Hautefeuille, n° 20.

CONSIDÉRATIONS

SUR

LE RETOUR DE NAPOLÉON,

OU

EXAMEN DE TOUT CE QUI S'EST PASSÉ
A PARIS DU 6 AU 20 MARS 1815.

Tels ils étaient dans la Vendée, tels ils sont
encore aujourd'hui. (*Tiré de l'ouvrage.*)

PAR J. B. TRUCHY (DE L'YONNE.)

PARIS,

DELAUNAY, Libraire, au Palais-Royal.
PLANCHER, au Dépôt de Librairie,
rue Serpente, n° 14.

---

8 AVRIL 1815.

AVANT-PROPOS.

Dès l'instant où le Gouvernement parla
du retour de Napoléon, chacun put
voir que l'on cachait la vérité. Le men-
songe perçait à travers tous les écrits
que l'on publiait. J'en fus frappé plus
d'une fois. Jaloux de connaître enfin,
d'une manière précise, des faits si im-
portans pour la France, je cherchai des
renseignemens certains, et j'eus bientôt
la satisfaction d'en trouver.

De ce moment je pus suivre Napoléon dans sa marche avouée du Gouvernement et dans sa marche réelle; je
pus comparer ce qu'on nous disait des
armées, avec les mouvemens que Napoléon leur imprimait; et le soulèvement
supposé des peuples avec la certitude

que j'avais de leur soumission et de leur enthousiasme.

Ces divers rapprochemens excitèrent mon indignation contre les auteurs de ces écrits mensongers, et me firent naître l'idée de joindre à tous ces libelles, des notes qui en fissent ressortir l'étonnante absurdité.

J'exécutai ce projet jour par jour, et sur tous les écrits dont la capitale a été inondée dans l'espace de quinze jours.

Arrivé au 20 mars, qui couronna d'une manière si heureuse l'espérance de tous les bons Français, je rapprochai mes observations les unes des autres; j'en élaguai les redites, et j'en formai l'opuscule que je donne aujourd'hui au public.

Dans les circonstances présentes, je crois qu'il ne sera pas sans intérêt; je crois même qu'il ne sera pas sans utilité pour un grand nombre de personnes. C'est cette dernière raison qui m'engage à le mettre au jour.

Il est dans l'ombre une foule de mécontens; il est des gens infatués dé l'ancien gouvernement, ou exaspérés par cette nuée d'écrits incendiaires qui vient de passer sur la France.

Il faut présenter le flambeau de la Vérité et de la Raison à ces Français égarés; il faut leur montrer dans l'ancien gouvernement la soif insatiable du pouvoir à la place de l'intérêt des peuples; l'orgueil de la naissance à la place des talens; il faut leur montrer sous ces princes ignorans l'anéantissement de tous les droits du peuple, et le peuple lui-même compté pour rien.

C'est par la comparaison de cet égoïsme odieux avec la noble conduite de Napoléon, que les Français parviendront à n'avoir plus qu'un même sentiment, et qu'ils se réuniront tous de cœur, pour bénir l'heureux changement qui vient de s'opérer.

Je ne me flatte pas d'atteindre au but que j'ai dû me proposer; mais, content d'ouvrir la carrière à de plus habiles que moi, j'aurai du moins le plaisir de les y suivre de l'œil.

CONSIDÉRATIONS

SUR

LE RETOUR DE NAPOLÉON.

Une multitude (1) d'ordonnances et de proclamations émanées du gouvernement, porte en ce moment dans les familles la désolation et l'esprit de parti. Elles m'ont paru si effrayantes, si incendiaires, si propres à ramener parmi nous tous les fléaux de la guerre civile, et toutes les horreurs dont nous avons déjà été les témoins et les victimes, que je n'ai pu me refuser au besoin de les réduire à leur juste valeur. Heureux si ma voix peut arracher quelques-uns de mes compatriotes aux fureurs du fanatisme que ces écrits veu-

---

(1) Je prie les lecteurs de ne point perdre de vue que tout ceci a été écrit successivement, à compter du 8 mars.

lent exciter, et si elle peut leur rendre pour toujours le calme qu'ils n'auraient jamais dû perdre !

La première ordonnance est du 6 mars; elle déclare Napoléon Bonaparte, traître et rebelle pour s'être introduit, à main armée, dans le département du Var. Elle enjoint de lui courir sus ; de le livrer à un conseil de guerre qui, après avoir reconnu *l'identité*, provoquera contre lui l'application des peines prononcées par la loi.

J'ai frémi d'horreur en lisant cet article, et tout Français dut éprouver le même sentiment, tant il renferme d'injustice et de barbarie! En effet, est-il traître, est-il rebelle, celui qui est l'égal, et non le sujet du roi qu'il attaque; qui ne lui doit rien et ne lui a rien promis ; qui, n'étant point sous sa domination, n'est point soumis à ses lois? Non, non, ce n'est ni un traître ni un rebelle, mais un souverain reconnu par toutes les puissances, et qui a, comme tel, des droits qu'on ne doit ni violer ni méconnaître. Que l'on oppose à son attaque une défense légitime et loyale, mais qu'on ne le calomnie pas ; mais qu'on n'ordonne pas qu'il soit *assassiné*. Ce n'est point ainsi qu'on se débarrasse d'un ennemi. C'est lui gagner des partisans que de vouloir s'en défaire par un crime ; c'est avouer aux yeux de tous qu'il ne peut être vaincu.

Une proclamation du ministre de la guerre peint ensuite Napoléon comme ayant *abdiqué* un pouvoir *usurpé*, comme voulant la guerre civile et cherchant des traîtres. Il ne m'appartient pas de juger, si ce ministre, qui vient de perdre la confiance du roi, pensait alors ce qu'il écrivait ; mais je me suis imposé la tâche de détruire toutes ces imputations erronées, et c'est de quoi je vais particulièrement m'occuper.

Napoléon n'a point usurpé le trône des Français. Ce trône n'était à personne, ou plutôt, il n'était qu'à l'Etat, et l'Etat seul avait le droit d'en disposer.

Chaque peuple, en effet, a ses révolutions ; chaque révolution ses résultats. Celui de la nôtre fut d'arracher le sceptre des mains qui le portaient. Cela n'est point sans exemple dans l'histoire ; elle fourmille, au contraire, de révolutions semblables, de changemens de dynastie. La France elle-même a compté trois races de rois. Est-il donc moins juste qu'il y en ait une quatrième ?

Le trône n'est point une propriété des souverains. Il appartient au peuple, qui peut
toujours s'en ressaisir quand le bien de l'Etat
l'exige.

Quand les peuples ont établi l'hérédité du
trône dans les familles de leurs rois, ils n'ont
pas pour cela renoncé à ces droits impres-
criptibles que la nature leur a donnés. Ils
ne l'ont fait que pour l'intérêt général qui est
le seul régulateur des nations. Ils ont voulu
prévenir les dissentions intérieures, et les
commotions qu'occasionne ordinairement un
changement de dynastie. Ils ont voulu détruire
le fléau des révolutions, qui traîne toujours
tant de maux à sa suite.

S'ils courraient par-là le risque de se voir
gouvernés par un prince médiocre, ou même
vicieux, ce danger les effrayait moins que la
crainte des partis qui se seraient formés à
chaque élection d'un roi. Ils pouvaient d'ailleurs espérer que le prince élevé pour le
trône, en serait rendu digne, et que dès
l'enfance on lui ferait une habitude de chercher le bien public.

Dans toutes ces considérations, rien ne
diminue, rien n'altère, rien ne détruit les
titres sacrés du peuple. Rien ne fait considérer

le souverain que comme le premier citoyen de l'Etat, fait pour veiller au maintien et à l'exécution des lois, et non pour les changer.

S'il arrive donc un règne où les droits du peuple soient envahis ou méprisés, sa constitution violée, ses lois anéanties, sa liberté menacée ; là même est le terme du pacte qui existe entre le peuple et le souverain. La nation renverse l'homme qui voulait l'enchaîner, et reprend ce sceptre confié par elle, pour sa défense et non pour son asservissement.

C'est ce qui est arrivé à Louis xvi. Ce n'est pas ici le lieu d'examiner s'il a mérité la rigueur de sa condamnation. Il me suffit de dire que depuis long-temps cette révolution devait avoir lieu. Les progrès des sciences faisaient trop sentir au peuple l'avilissement où il était plongé. Il ne souffrait plus qu'avec horreur les despotismes réunis du gouvernement, des nobles et des prêtres. Cet état de choses ne pouvait plus durer. Quand on aurait connu d'avance tous les malheurs de notre révolution, le peuple les aurait encore préférés à l'affreuse situation où il se trouvait.

Au milieu de l'anarchie, qui désola notre belle France dans ces jours de deuil et de

sang, un homme d'un génie vaste et entre-
prenant parut au milieu de nous , et tourna
ses talens vers le bien public. A sa voix l'hydre
révolutionnaire rentra dans le néant; les partis
furent étouffés ou réduits au silence ; la gloire
nationale lui dut ses plus belles palmes , et
la France , la cicatrisation entière de ses
plaies. Cet homme, c'est Napoléon. C'est par
des services signalés pour notre patrie qu'il
commença , qu'il parcourut sa carrière.

Quand donc il serait vrai qu'il fût monté
de son chef sur le trône des Français; ce
trône était à ses concitoyens, et leur reconnaissance le lui montrait déjà pour prix de
ses bienfaits. Une telle usurpation est grande,
est glorieuse: c'est l'amour propre d'un homme qui sent tout ce qu'il vaut, tout ce qu'il
peut et tout ce qui lui est dû.

Combien il est peu de personnes capables
d'usurper ainsi ! Combien peu qui puissent
dire : « J'ai lu dans le cœur de mes conci-
» toyens , j'ai joui de leur reconnaissance,
» de leur enthousiasme, de leur amour , et
» poussé sur le trône par tous ces sentimens,
» j'y étais déjà quand la voix qui m'y plaçait
» arriva jusqu'à moi. »

Venons maintenant à cet acte d'abdication

qu'on lui oppose, et qu'on lui fait un si grand crime de violer.

Tout le monde sait quelles circonstances ont amené cet acte ; tout le monde sait qu'il à été précédé d'une déchéance ridicule, prononcée par un corps qui n'avait pour cela, ni droits ni pouvoirs ; mais ce que tout le monde ne sait pas, ce que l'on s'est efforcé de lui cacher, c'est que Napoléon avait une armée à Fontainebleau ; que cette armée lui était dévouée ; que *Paris* et *l'ennemi* était son cri de rage et de ralliement, et que Napoléon pouvait encore tenter le sort des armes avec ces forces, que l'indignation de voir notre capitale sous le joug rendait encore plus terribles.

Napoléon sentit tous les inconvéniens de cette ressource. Il ne voulut point sacrifier sa capitale à un vain désir de vengeance. Il ne voulut pas exposer la France à des malheurs sans nombre, sous lesquels elle eût peut-être succombé. Il préféra signer son exil. Mais cet exil même portait encore ce caractère de grandeur qui distingue les actions d'un héros. Napoléon s'y dévouait pour le repos, pour la sûreté des Français. Sa conduite mettait dans le plus beau jour, et son attachement pour eux et son désintéressement!

Cependant, quel prix d'un si beau sacrifice! J'ai vu la Calomnie et le Fanatisme se réunir pour noircir, pour dénaturer, ce qui aurait dû faire l'admiration de tout le monde. J'ai vu imputer à lâcheté, le trait le plus sublime du courage; j'ai vu de vils intrigans ravaler dans leurs écrits la conduite d'un héros au niveau de leur âme vénale. Mais arrêtons-nous, ne soulevons pas le voile dont le mépris a déjà couvert ces écrits et leurs auteurs.

Du fond de sa retraite, Napoléon veillait sur les destinées de la France. En vain il appelait le bonheur sur elle; l'avilissement et le despotisme semblaient devoir être seuls le partage de cet Etat naguère si glorieux. Napoléon frémit à cette vue, et bientôt, pour la seconde fois, il touche le sol de la patrie en libérateur.

Dans cet état de choses, et sans préjuger quelle sera l'issue de ses tentatives, qui de nous osera lui en faire un crime, quand notre intérêt seul le conduit? Qui de nous lui fera un crime de renoncer à cet acte souscrit pour assurer notre bonheur, quand cette condition a été indignement violée? Qui lui en fera un crime, quand il vient relever la gloire de la patrie, à qui la sienne propre est si intimement liée?

N'avons-nous pas vu d'ailleurs tous les souverains agir comme Napoléon dans les mêmes circonstances? L'empereur d'Autriche, le roi d'Espagne, n'avaient-ils pas renoncé, l'un à la couronne d'Allemagne, l'autre à sa propre couronne? Ces souverains en ont-ils moins fait revivre leurs droits, quand ils ont pu le faire avec avantage? Si donc ils n'ont pas été blâmés pour en agir ainsi, pourquoi Napoléon serait-il seul blâmable? Ne jugeons les actions des rois que sur les actions des rois. L'autorité des exemples fameux, voilà leur règle de conduite. Ce serait trop ravaler de si grands intérêts que de les juger d'après le droit usuel des simples citoyens.

Nous venons de voir que la conduite de Napoléon avait été grande et glorieuse dans son abdication, et qu'elle ne l'était pas moins dans la violation de cet acte, arraché par la nécessité; puisque, dans les deux circonstances, l'amour de la patrie, le bonheur et l'intérêt du peuple avaient été les mobiles de sa conduite. Cela nous conduit à voir maintenant en France deux princes qui ont des droits au trône de cet État.

L'un tenant les rênes du gouvernement; l'autre voulant les tenir. L'un fondant ses droits sur ce que ce trône est celui de ses aïeux; qu'on l'y a replacé, et qu'il le possède actuellement. L'autre, fondant les siens sur ce que le trône n'est qu'à la patrie qui en avait disposé en sa faveur; qu'il avait cru un instant le peuple intéressé à sa renonciation; mais que, bientôt désabusé, il avait dû réclamer un sceptre, qu'il n'avait plus le droit de laisser en des mains indignes de le porter et repoussées depuis long-temps par les lois.

Le premier comptant pour se soutenir sur les citoyens qu'il y croit intéressés; sur le pouvoir qu'il a en main, sur les administrations qu'il dirige. L'autre, comptant sur le bien qu'il vient faire, sur les armées qui le désirent, et sur une grande partie du peuple affligée du présent et effrayée de l'avenir.

Je ne veux pas fixer le parti que chacun doit prendre dans de telles circonstances, en l'appliquant aux grands intérêts que nous avons sous les yeux; mais je dirai qu'en général le peuple doit être lent à se prononcer. Chaque adversaire ayant ses droits, ses forces, ses partisans, on ne devrait, ce me semble, chercher à se réunir que dans l'intérêt de la patrie, sans avoir égard s'il faut obéir à celui qui commande plutôt qu'à celui qui veut commander.

Le peuple se doit au souverain, mais auparavant il se doit à l'Etat, et son premier devoir, comme son premier intérêt, est de ne point déchirer la commune patrie, sous prétexte de terminer une querelle qu'il ne ferait qu'envenimer.

Il est des cas, sans doute, où les intérêts de l'état sont inséparables de ceux du souverain. Dans toute guerre contre l'étranger, c'est la nation elle-même qui attaque ou qui se défend. C'est elle qui s'arme à la voix de son chef pour soutenir ses propres droits; mais ici ce n'est pas le cas.

L'ennemi que Louis nous présente, les armées qu'il veut nous faire combattre, tout est à nous et pris chez nous; elles ne viennent point piller nos villes, ravager nos campagnes; elles viennent au contraire relever notre gloire abattue, nous ramener un souverain, toujours cher à une partie du peuple, et sans doute à la plus forte partie. A l'aspect de ces armées, où chacun de nous a probablement un fils, un frère, ou au moins un ami, l'homme raisonnable gémit, mais il ne s'arme pas. Il tremble, il prie pour le salut de son pays. Il sait que s'il prend les armes pour un parti, d'autres citoyens les prendront pour le parti contraire, et que l'on augmenterait ainsi le nombre des victimes sans être utile à la cause de personne.

Mais, me demandera-t-on, qui terminera donc cette querelle? Qui? l'armée, et l'armée seule. La guerre est de son essence ; le repos est pour les citoyens. Elle ne peut faire un mauvais choix. L'armée est en France une partie de la nation ; elle en est même en quelque sorte l'élite, par la sagesse de sa composition. Ses légions sont donc intéressées comme nous dans cette affaire, et plus que nous peut-être, puisqu'elles sont réunies par devoir, pour la gloire et le soutien de l'Etat. C'est donc à elles qu'il appartient plus particulièrement de se choisir un chef, et de nous donner un maître.

Au surplus, s'en rapporter au choix de l'armée, c'est presque s'en rapporter à la masse des citoyens. Toutes les provinces fournissent proportionnellement à sa composition, et chaque soldat y apporte les goûts et les préjugés de son pays ; d'où il suit que l'armée est, en petit, l'image assez exacte de la nation; et que quand les neuf-dixièmes de l'armée sont d'un même avis, il est à présumer que le peuple prononcerait sur le même sujet, avec le même résultat de neuf contre un.

Attendre le vœu de l'armée, c'est donc chercher à lire le vœu de la nation dont elle est l'image. C'est se mettre à portée de connaître soi-même quel parti l'on doit prendre : car ne croyez pas que le devoir d'un citoyen soit de manifester son opinion quand elle est opposée à celle de ses compatriotes. Son premier devoir, comme citoyen, est au contraire de se conformer à la volonté générale.

Dans tous les Etats, la volonté du plus grand nombre est la volonté de la nation. L'homme raisonnable cherche à connaître cette volonté, et lui fait ensuite le sacrifice de la sienne propre. L'intérêt, le bonheur des peuples, demandent ce sacrifice ; celui qui le refuse n'est qu'un ennemi de la société.

Une nouvelle raison d'attendre la décision de l'armée, c'est que dans les troubles intérieurs son influence est toujours en raison de sa force et non du nombre de soldats ; et que s'il arrivait que le peuple se mît en opposition avec elle, tous les citoyens armés suffiraient à peine pour lutter avec avantage contre sa volonté.

Quant au désir d'exciter la guerre civile que l'on impute à Napoléon, il n'est pas d'accusation plus déraisonnable ni plus ridicule. Un simple exposé de faits fera voir si c'est à lui que l'on doit imputer ce crime.

Napoléon aborde en France avec sept cents des siens. Il fait un appel aux Français, non pour s'armer, mais pour le recevoir. Il en fait un aux armées, et elles se rangent pour la plupart sous les ailes de cet Aigle impérial, qui les guida toujours à la victoire. Il montre ce qu'il peut, ce qu'il veut faire pour le bonheur de la France, et l'on répond à sa voix par une acclamation générale. C'est ainsi qu'en moins de quinze jours, il traverse une partie de la France, dans un diamètre de plus de cent cinquante lieues, et y dicte ses lois, sans avoir acheté ce triomphe d'une seule goutte de sang.

Vient-il donc en ennemi, celui qui aborde seul dans la mère-patrie, qui n'a ni armes ni soldats, qui ne s'offre à nos yeux qu'avec un simple cortége, propre à former la suite d'un prince, mais non à asservir vingt-cinq millions d'hommes? Vient-il exciter la guerre civile, celui qui s'abandonne à l'amour des citoyens et des soldats, qui refuse le bras des peuples pour s'en tenir aux armées; qui ne réclame que le droit de faire le bonheur de la France, puisque ceux qu'il a laissés pour le faire ne le font pas? Vient-il exciter la guerre civile, celui qu'un refus eût plongé de suite dans la mer qui l'avait apporté? Non, non, en voyant sa marche triomphale, plutôt que guerrière, admirons au contraire toutes les sages précautions qu'il a prises pour empêcher l'effusion du sang. Admirons-le surtout quand, s'exposant lui-même au danger, il s'avance au-devant des troupes envoyées pour le combattre suivi de sa garde, portant l'arme sous le bras. « Je suis Napoléon, dit-il; celui qui veut tuer son Empereur le peut, qu'il vienne. » A ces mots, on n'entend de toutes parts que les cris répétés de vive Napoléon! vive notre Empereur! et ces soldats sont déjà dans les bras de la garde impériale. C'est à qui embrassera le premier ces dignes compagnons d'un héros; ces braves qui doivent être maintenant si chers à la France.

Si Napoléon s'avance ainsi dans le centre de notre patrie en héros adoré de tout le monde, et ne cherchant à réduire les villes que par la persuasion et le sentiment; il s'en faut bien que ses adversaires emploient les mêmes moyens et la même modération. Tous les actes du gouvernement, tous les écrits publiés sont mensongers et incendiaires. Une détestable frénésie semble avoir présidé à leur rédaction, et les avoir dictés dans l'intention formelle d'allumer dans toute la France les brandons de discorde qui ont déjà ravagé la Vendée.

A Dieu ne plaise pourtant que je prétende jamais contester au roi la légitimité de sa défense ! Quoiqu'une poignée de traîtres l'ait seule placé sur ce trône, la nation avait fini par souscrire à son avénement.

Humiliée d'être sous le joug de l'étranger, privée du souverain de son choix, la France n'osait plus porter ses regards ni dans le passé qui lui rappelait ses beaux jours, ni dans l'avenir qui lui en cachait le retour : elle était dans un état à tout souffrir pour obtenir un peu de repos.

Louis fut amené, promit ce repos, et fut reçu. Quels que soient ses torts depuis cette époque ; quelqu'influence qu'il ait donnée à une caste odieuse à la France, il est sur le trône, il a le droit de vouloir y rester. Ce n'est pas là non plus ce que je blâme en lui, mais seulement les moyens qu'il emploie pour s'y soutenir.

Louis ne devait pas faire de sa querelle la querelle de la nation. Le moment où le peuple pouvait s'en occuper est passé depuis long-temps. Avant que Napoléon fût débarqué, avant qu'il eût sous ses bannières l'élite de nos soldats, il fallait prendre des mesures contre lui ; il fallait s'opposer à son arrivée. Tout était juste alors.

Malgré le penchant des peuples vers Napoléon ; malgré l'attachement que lui portent les soldats ; malgré le mécontentement général qu'avait causé la famille régnante, le roi eût encore pu trouver des hommes fidèles pour s'opposer à ce débarquement. Des citoyens mêmes s'y seraient prêtés, soit par attachement pour le roi, soit par crainte de voir la guerre civile dévorer notre patrie.

Mais lorsque Napoléon est au centre de la France, et presque aux portes de la capitale ; que la moitié de nos provinces l'a reçu ; que la moitié de nos armées est avec lui, que le surplus ne cherche qu'à le joindre ; qu'il ne reste enfin au roi aucune espérance de succès, ni probable, ni possible, c'est aux citoyens que l'on vient parler de guerre ! Grands dieux ! Et contre qui voulez-vous donc que nous tournions nos armes ? Avez-vous pensé aux horreurs que vous commandez? Et, pour réussir, vous abusez, vous fanatisez le peuple; vous lui cachez votre détresse; vous lui promettez l'appui des armées que vous n'avez plus; vous l'exaltez par le récit de succès chimériques, qui n'ont pas même été tentés; vous lui peignez les forces de Napoléon, comme une poignée de rebelles qui ne s'est point grossie et qui s'est constamment diminuée; en un mot, vous l'égarez par tous les moyens possibles pour l'armer contre ses frères. Qu'est-ce donc que chercher la guerre civile, si ce n'est pas ce que vous faites? Et s'il faut décider aujourd'hui qui cherche le malheur du peuple, de Napoléon ou de vous, quelle réponse voulez-vous que l'on fasse?

Dans cette circonstance critique, il faudrait à Louis l'attachement de l'armée ou l'enthousiasme général du peuple; mais il n'y peut point compter. Il s'est mis lui-même à dos une nation entière dont il aurait dû essayer de se rendre l'idole. Dès son entrée à Paris, il s'est préparé les revers qui sont près de l'accabler.

Le peuple français, en effet, accoutumé depuis vingt-cinq ans à des idées libérales qui ont fait sa gloire et sa puissance, même

en recevant un roi de la main de l'étranger,
eût voulu paraître ne le tenir que de lui-même :
cela était facile à Louis. Une fois en France,
il pouvait assembler le peuple, proposer la
discussion des lois fondamentales de l'État;
proposer même son acceptation ; cette noble
conduite lui eût gagné les cœurs, avec d'autant plus de facilité que l'absence volontair e
de Napoléon lui laissait tout avantage.

Au lieu de cela , il parut en maître; il promit le repos et la prospérité intérieure ; mais
il proclama ces anciens principes dont la France
avait acheté l'abolition par tant de sang ; mais
il vint en souverain qui régnait déjà sur nous
depuis dix-neuf ans, et que notre rebellion
avait seule empêché d'habiter parmi nous. Il
vint nous pardonner nos crimes, au lieu de
demander l'oubli de ses propres torts. Il vint
payer de nos trésors les services de gens qui
n'avaient d'autre mérite à nos yeux que d'a-
voir ravagé nos provinces.

A ces premières fautes, qu'un grand peuple
ne pardonne point, Louis en joignit encore
beaucoup d'autres, en ravalant la gloire des
armées, en donnant des craintes aux propriétaires pour les biens qu'ils avaient acquis;
et en violant à chaque instant un fantôme de

constitution dont il nous avait gratifié sans conséquence, puisque personne n'avait le droit d'en demander le maintien.

Aujourd'hui le langage de Louis est bien différent; il flatte le peuple, il flatte l'armée; mais le peuple et l'armée ne voient plus dans tout cela qu'un langage de circonstance. Et quand celui qu'on leur montre comme ennemi, serait étranger à leurs affections, ils le recevraient encore en libérateur, s'il promettait la réparation de leurs griefs.

En vain donc le gouvernement abuse le peuple en lui promettant l'appui de l'armée; en vain il abuse l'armée en lui promettant l'appui du peuple; en vain des proclamations et des ordonnances incendiaires appellent de tous côtés le peuple français aux armes: en vain les écoles, les administrations sont désorganisées pour fournir des soldats. Toutes ces mesures désespérées ne servent qu'à déceler la détresse du gouvernement et à donner à sa conduite un caractère plus odieux.

Ce que l'on nous dit des armées n'est ni croyable ni possible. Avons-nous pu penser, en effet, que nos belles légions renonceraient à cet esprit de corps qu'elles ont si souvent manifesté? Aurions-nous pu être

dupes un instant d'une pareille calomnie? Ah!
nous le savons; l'armée, image parfaite de
la nation, se décide, comme elle, par le sentiment et l'avis du plus grand nombre. Quand
ce sentiment est connu, y eût-il des mécontens, ils se soumettraient par esprit de corps,
comme les citoyens doivent se soumettre par
esprit national.

Ainsi, quand la plus grande partie de cette
armée s'est déclarée pour Napoléon, il n'est
donc plus permis de croire qu'un seul régi-
ment mis en présence puisse faire feu sur
ses anciens compagnons d'armes. En vain nous
dit-on le contraire : s'il en est qui, abusés
comme les peuples, aient jusqu'ici gardé le
silence, ils n'attendent que le moment d'é-
clater : qu'on les mène au feu, c'est là qu'on
verra quel sentiment les anime, et s'il est pru-
dent de faire combattre des Français contre
leurs frères.

Dans cet état de choses, qui donc ose nous
dire de courir aux armes? Attend-on que nous
allions lutter seuls contre une armée de héros,
que rien ne peut plus arrêter ni vaincre, et où
nous n'aurions à combattre que ce nous avons
de plus cher.

Ah! repoussons avec horreur ces perfides

suggessions ; le caractère français répugne trop à cette idée. Suivons plutôt le vœu de nos braves armées, suivons l'exemple de nos concitoyens des départemens déjà occupés par Napoléon. Leur vœu est le vœu de la patrie, l'armée et la moitié de la France en sont garans.

Attendons Napoléon avec confiance comme ils l'ont tous attendu ; recevons-le à bras ouverts comme ils l'ont tous reçu ; et s'il est encore quelques mécontens, qu'ils soient à peine aperçus dans la foule immense qui l'environne.

C'est ainsi que délivrés des inquiétudes que présente l'approche de la guerre civile, le raisonnement et le sang-froid peuvent nous réunir en espoir, sous les lois d'un souverain qui ne vient point armé du glaive, mais d'une branche d'olivier. C'est ainsi que notre belle France fleurira de nouveau par le commerce et les arts, sans avoir payé ce bonheur d'une seule goutte de sang.

Ce que j'ai dit des écrits ministériels ne peint peut-être pas assez leur étonnante absurdité ; et dans ce cas on pourrait m'accuser d'en avoir tiré des conséquences qui n'en résultent pas nécessairement. Il faut donc y revenir un instant. Je vais montrer les objets tels que les relations les présentent ; mais je ne veux pas le faire sérieusement, ce serait faire trop d'honneur à des rapsodies si méprisables.

Napoléon, nous dit-on, est débarqué avec mille à onze cents hommes le premier mars ; le même jour quinze hommes de sa suite sont pris à Antibes : l'officier qui les réclame pris aussi ; un second émissaire est traité de même.

Le lendemain on nous montre les troupes et les gardes nationales à la poursuite des rebelles. *Leur retour à la mer* n'est déjà plus possible, et des *forces imposantes* vont les prendre pardevant et les anéantir. Je ne veux pas examiner si le gouvernement n'avait pas plus d'intérêt à rejeter les rebelles à la mer, que de les empêcher d'y retourner ; ni s'il faut des forces *bien imposantes* pour *en imposer* à si peu de monde. Je ne dirai pas même s'il était besoin d'appeler trois millions de gardes nationaux, et quatre cent mille hommes de troupes, pour tenir tête à une poignée de rebelles ; j'aurais peur que cela ne me conduisît à dire que nous avons bien dégénéré en peu de temps ; car il y a trois ans la France ne se serait pas troublée pour une pareille invasion.

Je poursuis. Malgré tant° de préparatifs contre eux , les rebelles paraissent encore voyager assez tranquillement , et font régulièrement douze à quinze lieues par jour , comme feraient à peine les voyagenrs les mieux servis par leurs hôtes et les moins retardés dans leur marche.

Un peu plus tard on nous montre Grenoble bien défendue ; Marseille en armes ; la Franche-Comté soulevée ; puis Lyon bien disposée , bien armée , bien gardée , ayant ses ponts coupés , et la présence de *Monsieur* pour rempart. Qui douterait du succès ? Qui ? Moi qui , connaissant *Monsieur* , aurais juré d'avance qu'il donnerait ses troupes à son ennemi, et peut-être sa personne, plutôt que d'en venir à une scène désagréable. C'est une si belle chose que la bonté d'âme !

Après quelques réflexions faites en courant la poste , *Monsieur* eut pitié du chef des rebelles, et ne voulant pas lui laisser faire trop de chemin comme prisonnier , il décida qu'on ne le prendrait qu'aux environs de Paris. Ce dessein paraissait d'autant plus sage que les rebelles se convertissaient tous les jours , et qu'il était à présumer que leur chef serait alors presque seul. Il y aurait donc moins de danger à se frotter autour de lui, et cela peut être de quelque considération pour *Monsieur* lui-même.

Observez bien, je vous prie, que jusque-là on ne convient pas qu'une seule compagnie entière ait suivi Napoléon. Ce n'est que vers le 12 mars, que l'on commence à laisser entrevoir qu'il y a eu quelques traîtres.

Le 16 enfin on parle de troubles suscités à Mâcon, à Châlons, à Tournus, à Dijon, et même dans le département de l'Aube; mais on en parle d'une manière rassurante. *La lie de la populace* y a seule pris part; les troupes n'y sont pour rien; elles étaient absentes pour combattre Napoléon, ou pour d'autres missions de la part du roi.

Au surplus, quelle inquiétude peut-on avoir? Le maréchal Ney marche au-devant des rebelles, il est près de les atteindre. Bonaparte lui-même en a si peur qu'il fait replier ses avant-postes sur Lyon en grande hâte. Cela n'empêche pas que le lendemain, sans s'embarrasser de la contradiction, on vous montre Napoléon se dirigeant sur Dijon, et le maréchal Ney le poursuivant par derrière. Bonaparte, dit-on alors, est si faible qu'il ne peut se maintenir dans aucune de ses positions. Il n'avance pas, il fuit devant ceux qui le poursuivent; il est près d'en être accablé.

Rassurez-vous donc, Parisiens, en voyant cet homme si près de vous. On l'a pourchasssé jusque-là; mais le camp de Villejuif vous en fera raison. A demain donc, nous pourrons tous l'aller voir prendre.

Et c'est avec de pareilles absurdités que l'on abuse le peuple français! Et l'on a pu penser qu'il en serait un instant la dupe! Et l'on n'a pas craint que, dans son indignation, il ne cherchât à se venger du mépris qu'on fait de lui!

Tous les actes du gouvernement offrent ainsi partout des absurdités révoltantes ou des mesures propres à exciter une guerre civile générale. Mais le tableau est encore plus affreux, si on jette les yeux sur ce fatras de libelles et de proclamations qui ont couvert tous les murs et couru toutes les rues de la capitale.

La guerre civile, le brigandage et l'assassinat y sont constamment ordonnés avec promesse de récompense; tous les excès et tous les crimes y sont légitimés; en un mot, rien de ce qui est infâme, rien de ce qui peut dégrader l'homme et le ravaler au-dessous de la brute n'a été oublié depuis le 6 mars. On voulait parler au peuple, et on s'exprimait comme pour une horde de cannibales.

En lisant ces horreurs, on se demande quels hommes avides du sang des citoyens, ont pu les écrire sans honte, et proclamer, sans frémir, ces principes destructeurs de toute société? Un simple rapprochement donnera bientôt le mot de cette énigme.

Deux castes orgueilleuses, la noblesse et le clergé, avaient usurpé sur le peuple de grands priviléges dont elles ne se prévalaient que pour l'accabler. La révolution, en brisant le sceptre des rois, détruisit ces servitudes honteuses, et le peuple, d'un seul coup, rentra dans tous ses droits. Mais ces despotes orgueilleux, qui se croyaient d'une espèce supérieure à la nôtre, préférèrent l'exil à un nivellement qui les humiliait. Aussi lâches envers leur roi qu'arrogans envers le peuple, ils s'expatrièrent presque tous, et jurèrent de tirer une éclatante vengeance de cette *ville populace* qui osait se dire leur égale. Ils tinrent fidèlement parole. Ils se répandirent chez toutes les nations, dans toutes les cours, et mendièrent partout des secours au nom de Dieu et du roi; comme si ce Dieu qu'ils n'ont jamais servi, et ce roi qu'ils ont lâchement livré au fer de ses ennemis, eussent eté l'objet de leurs sollicitudes. Les nations n'étaient pas dupes de leurs discours fallacieux; mais contentes de semer la désolation dans la France, elles fournirent une armée de brigands à ces enfans dénaturés de notre patrie. C'est avec ce cortége, digne d'eux, qu'ils reparurent dans nos provinces, la flamme et le fer à la main. Quelques traîtres achetés ou égarés ont un instant servi ces hordes coupables. Les malheurs n'en ont été que plus grands. Les campagnes ont été ravagées; les moissons incendiées; les villes, les villages réduits en cendres; les citoyens assassinés par leurs parens et leurs amis; les femmes, les enfans, les vieillards égorgés ou brûlés vifs. Tout devint la proie de ces forcenés. La Vendée fume encore du sang qu'ils ont versé. Quinze ans de travaux, de gloire, de prospérité, et les soins réparateurs d'un grand'homme, n'ont pu encore effacer toutes les traces de leurs coups. Les monstres! ils auraient voulu faire de la France entière un vaste désert, où quelques paysans subjugués eussent seuls formé le germe d'une nouvelle race d'esclaves.

Chassés enfin de notre patrie, devenus le jouet des nations qui ne les gardaient que par pitié, ils ont encore été pour la France des fauteurs de trahisons, des artisans de crimes. C'est à eux que nous avons dû les tentatives faites avec tant d'acharnement contre les jours de Napoléon. Il était réservé à la France de recevoir de tels hommes dans son sein, et de les y voir s'enorgueillir de ces crimes dont le souvenir seul fait encore frémir !

Ces hommes errans et vagabonds croyaient cependant que la patrie était en eux. Les princes qui leur servaient de ralliement consacraient le même principe, et s'imaginaient régner sur la France, parce que, dans leur exil, ils régnaient encore sur quelques plats valets. Dans leur orgueil insensé, ils posaient comme axiome, que le trône est une propriété inhérente à la personne du souverain, et que le peuple est une dépendance de cette propriété. Voilà pourquoi, quand les Anglais les eurent rejetés sur nos côtes, nous avons trouvé qu'ils régnaient déjà sur nous depuis plus de dix-neuf ans.

Ainsi ce peuple si grand, si brave, si fier de son nom, qui fut pendant vingt-cinq ans le dominateur et l'arbitre des nations, n'était, selon eux , qu'une peuplade de rebelles, sans aucune existence légale. Eux seuls étaient les braves ; eux seuls les vrais Français ; eux qui n'ont jamais fait que ravager leur patrie ! eux qui n'ont jamais su commettre que des assassinats ! ! !

Ces *preux chevaliers* à qui la France doit de si *belles journées* , sont les mêmes dont nous avons été accablés par le retour des Bourbons. Il fallut les recevoir ces bourreaux de notre patrie ! Encore s'ils y furent rentrés avec des remords , on eût pu oublier leurs crimes ; mais loin delà , ils rentrent en triomphateurs sur cette terre qui les a en horreur ; ils y rapportent l'arrogance et l'insatiable ambition dont ils ont toujours été dévorés ! Ils viennent entourer le trône, et s'établir ministres des vengeances ! Les distinctions, les honneurs ne sont plus que pour eux. Des récompenses leur sont données, et par un raffinement de cruauté digne d'eux, c'est sur les dotations de nos militaires que l'on prend ces récompenses. Il leur avait paru singulier de se faire nourrir par leurs victimes.

Ainsi nos braves militaires n'ont plus de gloire à prétendre, plus de glorieux souvenirs à garder. Leurs hauts faits d'armes sont devenus des crimes. Ceux qui ont déchiré le sein de la France, ont seuls bien mérité de la patrie. Des monumens vont être élevés en leur honneur, et porteront ainsi dans la postérité les noms glorieux de nos bourreaux. La mémoire des plus vils brigands vient d'être réhabilitée, leur famille anoblie. Quels titres de noblesse que ceux qui ne reposent que sur des crimes!!

Ceux que la mort a épargnés et qui sont rentrés en France, portent maintenant des signes particuliers pour montrer ce qu'ils ont été. Chacun en les voyant peut dire aujourd'hui : voilà un *digne* Chouan ; voilà un *glorieux* Vendéen ; voilà un *patriote* de la légion de Condé ; c'est-à-dire, voilà des hommes qui ont juré une haine éternelle à la France, et qui l'ont déjà souillée de toutes les horreurs qu'ils ont pu commettre.

Il est des hommes qui ont appartenu à ces castes, mais qui se sont soumis aux lois de l'État, et qui l'ont servi en zélés citoyens. Il en est d'autres qui, plus tardifs à se soumetre, se sont cependant rendus à la voix de la patrie qui les rappelait dans son sein. Du jour qu'ils ont adopté nos lois, ils sont devenus nos concitoyens, nos frères. Rentrés dans la grande famille dont se compose la nation , ils ont pris part à la gloire nationale , comme ils ont souffert de nos désastres. Que l'on me permette donc de déclarer ici que je n'ai point entendu parler d'eux dans tout ce que je viens de dire.

J'ai déjà dit que Louis nous avait gratifiés d'un simulacre de constitution, et cela est vrai. Cet acte, de sa volonté , est moins une charte constitutionnelle, qu'un jouet dont on abuse le peuple, puisqu'il n'est strictement obligatoire, ni pour le roi , ni pour ses descendans ; et qu'il n'offre aucune garantie pour la nation.

Il n'est point obligatoire pour le roi, car le roi est souverain maître ; car le roi est propriétaire du trône, sous l'inspection seule de Dieu. Il peut donc vouloir demain autre chose que ce qu'il veut aujourd'hui, sans qu'aucun de nous ait le droit de s'en plaindre. Quand ces principes sont établis , toute constitution devient illusoire ; la volonté du souverain est la loi fondamentale de l'Etat. Toutes les autres sont des émanations de cette volonté.

L'acte constitutionnel est encore moins obligatoire pour les descendans du roi. En vain doivent-ils promettre de l'observer. Il n'y aurait d'obligation pour eux que si on avait le droit de les forcer au maintien de cet acte ; que si l'on pouvait leur ôter le trône lorsqu'ils s'y refuseraient. Mais nous venons de voir que tous les actes du peuple n'avaient pas empêché Louis XVIII d'être notre roi pendant dix-neuf ans. Pendant dix-neuf ans nous avons été en état de rebellion contre lui ; pendant dix-neuf ans nous avons été des enfans égarés et des criminels. Il a fallu toute sa bonté pour nous absoudre. Nous ne méritions que des châtimens lorsqu'il nous a apporté le pardon.

Ceci explique assez clairement, ce me semble, ce qui nous attend pour l'avenir. Nous serons encore des criminels si nous demandons le maintien de la charte. Nous deviendrons encore une peuplade de rebelles si nous nous réunissons pour le maintien de cet acte.

Si nous n'avons pas le droit de faire observer les articles de la charte, on aura donc le pouvoir de les changer. Cet acte est donc dès-lors tout-à-fait dérisoire ; il est donc sans aucune garantie pour le peuple.

Il n'est pas difficile maintenant de savoir

quels hommes prêchent aujourd'hui parmi nous l'assassinat et la guerre civile ; il ne faut pas les chercher ailleurs que dans ceux que j'ai peints tout à l'heure. Et quels autres qu'eux, ou quelques hommes fanatisés par eux, pourraient écrire les horreurs que nous voyons journellement. Eux seuls ont intérêt au maintien des Bourbons ; eux seuls ont une âme pour qui le mal de leur patrie soit une habitude et un besoin. Tels ils ont été dans la Vendée, tels ils sont encore aujourd'hui, et avec plus de fureur sans doute, parce qu'ils usent en ce moment de leur dernière ressource. Ils sentent bien que les circonstances qui les ont ramenés ne se représenteront plus.

Les barbares ! On voyait déjà leur joie cruelle éclater malgré eux quand ils examinaient la perspective qui les attendait ; ils se voyaient déjà en espérance rentrés dans tous leurs priviléges ; ils jouissaient déjà du despotisme qu'ils exerceraient sur le peuple par caractère et par vengeance ; ils n'attendaient, pour éclater, que l'instant où leurs maîtres seraient eux-mêmes bien affermis sur le trône. Mais leurs projets seront déjoués ; Napoléon approche ; tous les cœurs volent à sa rencontre ; chacun voit en lui , pour la seconde fois, le libérateur de la patrie , le soutien de la liberté publique.

Dans les écrits incendiaires d'un gouvernement despotique , il est aussi question de liberté ; et j'oubliais de le dire ! et j'oubliais de dire que c'est à la défense de sa liberté que l'on appelle le peuple, en l'excitant contre Napoléon ! Si je ne l'avais pas lu , je ne le croirais pas. Il est si difficile de croire à la liberté actuelle des Français !

Je n'appelle pas pourtant du nom dé liberté cette licence démagogique qui, pendant plus de dix ans, couvrit la France de deuil. Je n'aime pas à voir un peuple d'ailleurs grand au-dehors, rongé dans l'intérieur par une foule de partis qui s'entrechoquent sans cesse , et toujours aux dépens des citoyens. Ce temps de liberté fut pour la France un temps de frénésie, pendant lequel tout fut permis, excepté d'être honnête homme. Celui qui avait encore la manie d'être homme de bien était obligé de rester dans l'ombre , ou périssait bientôt victime des brigands à qui il faisait ombrage.

Mais Dieu me garde aussi d'appeler *liberté* l'anéantissement total des droits du peuple.

Les détails que j'ai donnés précédemment du gouvernement de Louis, et des principes sur lesquels il repose, me dispensent de rien ajouter de plus ici, pour montrer que là où la volonté d'un seul est la loi suprême, il n'y a, il ne peut y avoir aucun vestige de liberté.

La liberté, pour un peuple, est le droit de coopérer efficacement à la formation des lois auxquelles il doit être soumis ; c'est-à-dire, de consentir par lui-même, ou par ses mandataires, les bases de son gouvernement, et les principes fondamentaux de l'administration : voilà la véritable liberté, la liberté telle que la raison doit la restreindre, telle qu'il convient à un grand peuple de l'avoir, telle, en un mot, que Napoléon nous la redonne aujourd'hui, et telle qu'il veut qu'elle nous soit à jamais assurée.

Il n'est plus permis d'en douter en voyant cet homme immortel appeler le peuple français au *Champ de Mai.*

Je ne rendrai pas compte de tous les libelles qui ont été publiés, ce serait abuser du public que de l'entretenir de cet amas ridicule de lieux communs et de grossièretés qui ne disent rien à l'esprit, et dont un seul mot peut détruire tout l'échafaudage.

Je me bornerai à parler d'un seul. Peindre celui-là, c'est à peu près les peindre tous. Ils ne diffèrent entre eux que par les vociférations différentes qu'ils exalent contre Napoléon.

Celui-ci traite des armes et du courage. L'auteur commence par dire que les premières tentatives de l'*ennemi* ont été couronnées du succès. Jusque - là nous sommes d'accord, et j'ajoute même qu'il n'y a pas d'apparence que les dernières cessent de l'être. Nous ne différons que dans ce dernier membre de phrase, et dans cette qualification *d'ennemi*, que je n'ai jamais donnée si légèrement.

Il nous parle ensuite de cent mille hommes de la capitale, de cinq cent mille de la province, comme si quelques zéros de plus ou de moins ne changeaient pas la valeur d'un nombre ; puis il demande si l'on croit que ces hommes soient disposés à trembler ?

Oh! s'il ne s'agit que de ne pas trembler, je passerai à M. S..... tous les zéros qu'il voudra, et je répondrai avec lui que personne n'est disposé à trembler. Trembler, dans ce sens, c'est *avoir peur*, et je ne vois pas pourquoi on aurait peur à l'approche d'un homme qu'on admire, et dont on sait que les lois sont les plus sages de l'Europe.

L'auteur passe ensuite aux exemples. Il en cite plusieurs où le courage des Français repoussa glorieusement et par un mouvement spontané les attaques de l'ennemi. Tous ces exemples sont justes, et si les circonstances étaient les mêmes, il faudrait s'écrier avec M. S.....: *Imitons ces exemples, que partout le cri de guerre retentisse, etc.* Mais malheureusement cette apostrophe patriotique porte à faux, et elle tombe d'elle-même tout à plat. En effet, on ne doit pas courir aux armes pour égorger ses concitoyens, comme pour repousser un ennemi national ; on y regarde à deux fois avant que d'en venir là. L'élan que demande M. S.... serait loin d'avoir ici le même mérite que dans les exemples qu'il cite.

Je l'ai déjà dit, ceci est une affaire où le peuple serait plus nuisible qu'utile, et dont par conséquent il ne doit pas se mêler. Je ne conseillerai jamais, comme M. S...., de saccager nous-mêmes notre patrie pour une cause déjà jugée d'ailleurs par le tribunal le plus compétent.

Mais quels malheurs fonderaient donc sur

la France si elle avait Napoléon pour souverain plutôt que Louis? Nous l'avons déjà vu ce règne de Napoléon. Pendant douze ans il a fait notre gloire. Au milieu des guerres les plus désastreuses, les plus beaux monumens naissaient à la voix du souverain. Jamais la France n'a été plus brillante; jamais de plus grands travaux n'ont été exécutés. Paris surtout, digne objet des regards d'un grand homme, Paris semblait avoir passé dans la main des Fées, tant il s'est embelli en peu de jours, tant il s'est enrichi de monumens précieux, qui feront à jamais l'admiration des peuples.

Si des défections infâmes, si des trahisons inouies ont tourné les chances de la guerre contre Napoléon, et amené pour la première fois l'étranger dans nos murs, ces malheurs passagers ne lui sont point imputés. Le Français, juste autant que généreux, a plaint plutôt que blâmé son monarque livré par des traîtres.

Mais d'ailleurs cela n'est plus à craindre. Napoléon n'apporte ni guerre ni malheurs. Il vient rétablir parmi nous l'empire de la loi, il vient nous délivrer de l'esclavage et de l'ignominie. On sait s'il est digne d'une telle entreprise.

Nous avons déjà vu son génie percer le dédale des administrations et porter dans toutes les branches l'ordre et l'activité ; il prenait tous ces soins au milieu du tumulte des camps et dans ses courses victorieuses. La même main qui venait de tracer des lois aux souverains de l'Europe, ou un ordre de bataille, trouvait encore le temps de tracer à des ministres des détails purement administratifs.

Débarrassé maintenant de tant de soins, et tout entier à l'intérieur de son empire, Napoléon prépare encore à la France de nouveaux bienfaits. Les sciences, les arts, le commerce vont prendre un essor digne de son génie ; et la France, après avoir été la maîtresse des nations, en sera désormais le modèle.

Avant de passer plus loin, et pour répondre aux libellistes, qui prétendaient que le gouvernement de Louis XVIII est si bon, si juste, si légitime , je dois joindre quelques traits à ce que j'en ai déjà dit.

A son arrivée en France, Louis trouve un

gouvernement provisoire qui avait prononcé la déchéance de Napoléon , et déclaré que le peuple français appelait librement au trône Louis-Stanislas-Xavier , frère du dernier roi.

Tous les Français auraient pu reprocher aux signataires de cet acte monstrueux son inconvenance et son illégalité. Ils auraient pu déclarer à la face de l'Europe, que les représentans de la nation et les conservateurs des lois n'avaient pas de pouvoirs pour s'occuper de si grands intérêts; qu'il fallait une assemblée spéciale pour statuer sur les prétendus délits de Napoléon , et qu'il en fallait une, également spéciale, pour manifester le vœu de la nation à l'égard de Louis xviii. On aurait pu ajouter qu'une poignée de gens , plus occupés du maintien de leur place que des intérêts de la patrie, ne formaient pas seuls la nation française; et que s'ils voulaient le gouvernement de Louis xviii, il pouvait se faire que les dix-neuf vingtièmes de la France pensassent différemment.

Malgré tant de raisons de se plaindre , malgré qu'on la fît ainsi agir et parler, sans qu'elle eût manifesté ses vœux , la France cependant se tut, et consentit, par besoin de repos, à tout ce qu'on exigeait d'elle.

4

Il n'y eut que *Louis*, en faveur de qui tout avait été fait, qui eut l'audace de s'en plaindre. Il ne voulut point recevoir de conditions. Imbu de tous les préjugés de sa race, il voulut rentrer en maître chez un peuple qui consentait à le recevoir en roi.

Sa première démarche fut une humiliation pour les Français : il refusa de même l'acte constitutionnel qu'on lui présenta pour en donner un autre, à peu près semblable, de son propre mouvement ; il voulait que l'on pût sentir qu'il donnait cet acte par grâce et non par devoir, et que sa volonté était la seule loi que les Français dussent attendre.

Pour que le peuple ne pût conserver de doutes sur les sentimens de son roi, on rendit publique une lettre adressée au prince régent d'Angleterre, dans laquelle le roi disait à ce prince, qu'il le remerciait de l'avoir replacé sur le trône de ses pères, et que c'était à lui qu'il devait sa couronne.

Quelque temps avant l'arrivée du roi, le comte d'Artois se présenta et promit aux Français l'abolition des droits réunis, celle de la conscription, et la diminution des impôts ; toutes promesses que son frère ne devait pas tenir.

(51)

On trouva au contraire des raisons pour
fouler le peuple encore davantage : sous prétexte de couvrir l'arriéré du gouvernement
on épuisa la France pour acquitter les dettes
des princes et des nobles, ou pour les pension-
ner à leur arrivée à Paris.

Ce manque de foi indisposa le peuple contre
les Bourbons ; mais ce qui fit le plus de sensation, c'est le mépris marqué de cette famille pour le peuple et pour l'armée. On n'y
regardait le peuple qu'avec dédain ; on n'en
parlait que pour lui faire insulte. C'était *une
sotte canaille*, *une vile populace* qu'on ne
pouvait pas s'abaisser à regarder. C'était bien
assez de ne pas tirer vengeance de ses crimes ;
elle devait même se trouver heureuse d'un
pardon si peu mérité, etc.

Que l'on ne croie pas que je mets du mien
dans ceci ; je tiens ces détails d'un témoin
auriculaire : c'était la conversation familière
de madame d'Angoulême avec M. de Blacas.
Tout Paris en fut informé ; tout Paris payait
madame d'Angoulême de la plus froide indif-
férence, pour ne pas dire plus.

Quant aux princes, ils effarouchèrent les
esprits avec encore plus d'éclat. Dans ces
voyages de l'intérieur, entrepris pour remon-

ter l'esprit public, ils ne se firent que des ennemis et s'aliénèrent même le cœur de leurs partisans, tant ils montrèrent peu d'égards pour les citoyens, tant ils firent paraître de folles prétentions. Les soldats surtout ne purent voir ces supérieurs d'un jour les commander avec arrogance, avec mépris, et quelquefois la cravache à la main. Ce n'est point ainsi que l'on se gagne les cœurs. Si ces princes ont de l'ame, ils doivent se trouver bien coupables aujourd'hui.

Je devrais peut-être maintenant rendre compte de la manière indigne dont la charte a été violée, suivant le caprice des gouvernans, et dans l'intérêt des nobles; mais ayant été prévenu à cet égard, je préfère renvoyer à ce qui en a déjà été dit, et me renfermer dans ces détails, dont je puis garantir l'exacte vérité; ils feront voir ce que nous devions attendre de la noblesse pour l'avenir.

Dans une province méridionale de la France, les nobles émigrés rentrèrent en grand nombre et se présentèrent chez les acquéreurs de leurs biens; ils tentèrent tous les moyens pour se les faire remettre; prières, menaces, offres d'indemnités, rien ne fut épargné, et rien ne réussit.

Les nobles alors gagnèrent quelques paysans, et commencèrent à exercer des vio-
lences sur les personnes et sur les biens des
nouveaux propriétaires. Les maires qui vou-
lurent sévir contre eux, furent exposés aux
mêmes vexations; et ceux qui tolérèrent ces
abus furent méprisés et haïs de leurs concitoyens. Des plaintes furent portées et restè-
rent sans réponse.

Les anciens militaires furent aussi l'objet
de la dérision et des outrages des nobles. Dans
tous les cercles, dans toutes les sociétés, les
émigrés fixaient l'attention sur leurs glorieuses
campagnes, sur les services qu'ils avaient
rendus au roi, sur les récompenses qu'ils en
attendaient, sur les maux qu'ils avaient fait
tomber sur la France rebelle; sur leur triomphe
actuel, sur le rétablissement prochain de leurs
droits. Les militaires témoins de tant d'arrogance, s'en indignaient; des querelles par-
ticulières s'ensuivaient; le mal augmentait tous
les jours, et, dans les derniers temps, les militaires avaient été obligés de se former en pe-
tites compagnies de dix ou de vingt hommes
pour imprimer des craintes à ceux qui vou-
draient se porter à quelques excès. Les choses
en étaient là, quand Napoléon aborda en

France. Il put voir, à l'enthousiasme du peuple dans ces contrées, qu'il était en effet un libéra-teur pour la France.

Tous les pamphlétaires, et M. S..... surtout, parlent avec amphase de l'enthousiasme du peuple, de l'empressement des citoyens à cou-rir aux armes, et des enrôlemens sans nombre qui se font dans les provinces et dans la capi-tale.

J'ai voulu voir par moi-même ce qu'il fal-lait croire de ces pamphlets. J'ai couru toutes les rues de Paris; j'ai suivi avec assiduité tout ce qui s'y est fait; et il ne m'a pas été dif-ficile de voir que le gouvernement payait des acteurs pour jouer l'enthousiasme devant le peuple.

La police fournissait tous les jours huit à neuf cents hommes bien payés, qui se par-tageaient les différens quartiers de la ville, et notamment les lieux publics; ils y répandaient les nouvelles que l'on voulait accréditer; et le cri de *vive le roi !* poussé d'abord par eux et leurs acolytes, se répétait peu à peu dans la bouche de quelques enfans et de quelques fanatiques.

Le quartier le mieux fourni de cette espèce d'hommes était celui des Tuileries jusqu'au

Palais-Royal; ils étaient là dans leur centre. Dans la cour du château, sur le Carrousel, ils formaient de petits cercles, de petits comités où une vingtaine de curieux se pressaient bientôt de toutes parts pour apprendre la nouvelle du jour. Vous eussiez vu quelquefois jusqu'à cinquante conciliabules de cette espèce. C'est là que les plus plates inepties se débitaient avec une bonhomie risible. On n'y pouvait pas entendre deux mots sans hausser les épaules de pitié. Je me rappelle que, le 19 mars, on y contait que des coureurs de Napoléon, déguisés en bourgeois, avaient été vus entre Dijon et Autun. Le lendemain l'empereur fit son entrée dans Paris.

Quant aux enrôlemens, ils se faisaient par l'entremise d'un assez grand nombre d'embaucheurs à gages qui répandaient le vin et l'argent avec profusion; aussi, parmi les ouvriers que le gouvernement tenait à la diète depuis long-temps, par la stagnation des travaux, il s'en trouva quelques-uns qui se réjouirent de trouver de suite *trente sous* par jour et une ribote de bien-venue. J'ai vu ces volontaire royaux, que la misère venait d'instituer les défenseurs du trône; il n'y avait que des enfans, et la raison en est simple, c'est que les forts ouvriers ne manquent jamais d'ouvrage, et que ceux qui n'étaient pas oisifs ne se faisaient point soldats.

J'ai vu quelques-uns de ces embaucheurs; j'ai vu quelques militaires avec eux, tous ivres et se soutenant à peine; ils se traînaient dans les rues en criant *vive le roi !* Ils juraient de mourir pour lui, quand ils avaient à peine la force de vivre pour eux. Ces bonnes dispositions duraient aussi long-temps que leur ivresse, aussi long-temps que l'argent qu'ils avaient reçu.

Voilà ce que l'on appelait de l'enthousiasme, et comment on l'excitait. Il en a plus coûté en douze jours pour jouer cette espèce de farce, qu'il n'en aurait coûté pour solder un corps d'armée.

Je ne prétends pourtant pas dire que la misère ait formé tous les enrôlemens. Il y en eut aussi quelques-uns de formés par l'exaltation d'idées, par l'instigation de quelques gens de qui on dépendait, par l'espoir d'avancement ou de récompenses, et surtout par l'idée abusive d'un succès aussi prompt que facile.

Voilà bien des raisons, comme l'on voit,

qui ont pu produire, et qui ont réellement pro-
duit des enrôlemens. Elles n'ont cependant
amené sur les listes que deux à trois cents
volontaires, sans compter les ouvriers dont
j'ai parlé tout à l'heure, et qui eux-mêmes
n'allaient pas à plus de mille. Encore tous ces
soldats d'un jour, dont la campagne se borna
au voyage de Vincennes, s'estimèrent-ils
très-heureux, le 20 mars, de pouvoir rentrer
chez eux sans tambour ni trompette.

L'enthousiasme de la garde nationale fut encore plus tranquille et plus réfléchi. *Monsieur*
voulut en tirer une légion active, et, pour
électriser les esprits par le spectacle d'un dé-
vouement qu'il croyait sûr, il voulut que le
patriotisme des gardes nationaux se mani-
festât publiquement.

En conséquence, il ordonna une revue
générale, pendant laquelle chaque garde, qui
voudrait le suivre aux combats, se déclare-
rait hautement en sortant des rangs. On eut
encore l'attention de passer cette revue par-
tiellement et sur différens points de la capitale, non pour moins déranger les citoyens,
comme on avait eu soin de le dire, mais pour
promener partout l'étalage d'un brillant état-

major dont les cris devaient servir à animer le peuple.

Dans cette revue, Monsieur disait à chaque légion : « *Point de confusion, messieurs ; sortez* « *l'un après l'autre, ne vous pressez pas.* » C'est le seul ordre qui ait été exactement suivi. On se pressa si peu, que chaque légion fournit à peine une dizaine d'hommes. Il y en eut même qui n'en fournirent qu'un.

Le même jour il y eut séance royale, séance de grand apparat à la chambre des députés. Tous les ressorts furent mis en mouvement pour fasciner les yeux, et porter les grands coups : c'était *le bouquet* dans un feu d'artifice. Le spectacle fut beau, et enleva des applaudissemens ; mais la recette d'hommes n'en fut pas plus grande.

Tous les pamphlétaires se réunissent pour accabler Napoléon d'injures grossières et de vociférations dégoûtantes. Je ne m'abaisserai pas à les suivre dans ces honteuses diatribes. Par-là même que ce sont des injures, elles ne méritent que du mépris, comme ceux qui se sont avilis à les tracer.

Non contens de calomnier l'homme qu'ils redoutaient, ils ont poussé l'infamie jusqu'à calomnier indignement nos villes ; ils ont osé imprimer que des millions avaient été volés pour celui qui apporterait la tête de Napoléon ! Les monstres ! qu'ils connaissent peu le caractère français ! Ils veulent exciter le zèle, et ils ne font qu'horreur ! Croient-ils que la France soit dupe de cette infame calomnie ? Non, non ; un seul Français ne peut croire, un seul Français ne croira jamais qu'une ville ait pu se déshonorer ainsi. Quelques obscurs scélérats peuvent concevoir de pareils crimes, mais jamais un corps social. Malheur aux magistrats factieux qui auraient osé provoquer cet acte ; le peuple, pour s'en justifier, les aurait à l'instant même déchirés de ses propres mains.

On dit cependant qu'un prince de la maison de Bourbon a réellement promis *deux millions* de la tête de Napoléon. On dit aussi que cette offre fut rapportée au héros de la France. Cette rage impuissante de son ennemi le fit sourire. « Il est bien bon, dit-il, de priser ma » tête si haut ; pour moi, je ne donnerais pas » quinze sous de la sienne. »

Il est encore un point sur lequel je dois appeler l'attention, c'est sur cette frénésie du mal, qui porte tous les libellistes à nous menacer de la guerre étrangère. Ils voient déjà

l'ennemi à nos portes ; c'est avec cet épou-
vantail qu'ils cherchent à exaspérer le peuple ,
et à le porter à tous les excès.

Pour peu que l'on réfléchisse , il est facile
de voir que ces malheurs sont imaginaires ;
il ne faut pour cela que se reporter à ce que
nous avons vu il y a un an.

Il y a un an , toute l'Europe était liguée
contre Napoléon , non pour le détrôner , mais
pour le forcer à repasser le Rhin. En con-
sentant l'abandon de ses conquêtes , Napoléon
pouvait de suite obtenir la paix , et l'ennemi
se serait retiré sans avoir seulement pensé
qu'il existait des Bourbons sur la terre.

Trop fort pour consentir à un traité qui
l'humiliait , Napoléon préféra soutenir la lutte.
Mais des traîtres , qui se trouvaient dans ses
rangs , lui enlevèrent tous ses avantages. Les
alliés en prirent occasion de présenter un
projet de paix plus onéreux encore. Napoléon
le rejeta de nouveau , et les hostilités con-
tinuèrent.

C'est dans ce moment que la France eut
sous les yeux ce grand spectacle du génie
d'un héros aux prises avec la fortune , et ba-
lançant presque seul l'effort des armées les
plus formidables et la défection des traîtres.

Napoléon, à force de génie, était enfin près de goûter le bonheur du succès; il était près de forcer ses ennemis à unepaix honorable; la France allait reprendre l'attitude d'un puissant Empire, quand une nouvelle trahison ouvrit les portes de Paris, et mit Napoléon dans la triste nécessité de signer un traité déshonorant, ou de signer son exil.

Dans ces entrefaites, quelques agens des Bourbons élevèrent la voix et commencèrent à exciter le peuple de la capitale en faveur de ces princes. Ils s'étaient fait un écho dans les deux grands corps de l'État, et, forts de cet appui, ces factieux, traîtres à leur conscience, traîtres à leur patrie, résolurent de fixer eux-mêmes le sort de la première nation du monde.

Ils entourèrent, en conséquence, les souverains alliés, leur présentèrent le vœu d'une vingtaine de Français pour le vœu national; et ces princes qui, l'instant d'auparavant, eussent consenti à la paix avec Napoléon, décidèrent alors qu'*à la demande générale des Français* (représentés par une poignée de traîtres), ils ne traiteraient plus avec lui.

Ce rapprochement de faits, dont tout le monde connaît la vérité, met au grand jour l'intention des princes de l'Europe. Ils n'étaient point armés pour les Bourbons, qui végétaient dans le plus profond oubli ; ils étaient armés pour leur propre cause, pour repousser un un ennemi qui les avait tous accablés ; ils voulaient le forcer à rentrer dans ses limites ; mais ils n'en voulaient ni à sa vie ni à sa couronne. Ils le craignaient, mais ils l'estimaient tous, car un grand homme se fait estimer de ceux mêmes qui ont le plus à s'en plaindre.

Lorsque les chances de la guerre tournèrent en leur faveur, et beaucoup mieux sans doute qu'ils ne l'espéraient, ils n'en abusèrent que pour étendre leurs prétentions. Ce n'est qu'à la sollicitation de quelques factieux, et sans doute à l'instigation des Anglais, qui voulaient se débarrasser des Bourbons, qu'ils ont enfin proclamé que Napoléon était le seul obstacle à la paix.

Il n'est donc pas possible de croire que la coalition ait été formée pour l'expulsion de Napoléon. La première raison, c'est que François II n'y serait pas entré ; tous les sentimens humains se refusent à cette idée. En vain dirait-on que des raisons politiques ont pu forcer ce prince à en agir ainsi ; cela n'est pas, cela ne peut pas être. Il a pu s'armer pour défendre ses droits, pour recouvrer ses provinces envahies, pour enchaîner le bras qui maîtrisait tout le nord, mais non pour détrôner sa fille et son petit-fils. Je respecte la qualité d'homme dans un souverain comme dans un particulier; et à moins qu'il ne soit évidemment prouvé que ce soit un scélérat, je me refuse toujours à le croire.

La seconde raison, et la meilleure, c'est que les princes coalisés n'étaient rien moins que sûrs du succès. Les revers étaient à craindre pour eux autant que pour Napoléon. Au centre même de la France, lorsque ses alliés l'avaient abandonné pour se tourner contre lui, lorsque ses généraux l'avaient trahi, lorsque les sénateurs enchaînaient le bras des peuples au lieu de former les levées, Napoléon, réduit à une petite armée, mais fort de son génie, Napoléon les faisait encore trembler. Ils sentaient bien que les Français, unis entre eux et guidés par lui, auraient écrasé l'Europe entière débordée dans leurs provinces.

Aujourd'hui la même coalition ne peut plus se former. Tous les intérêts, toutes les passions sont à découvert; aucun prince ne peut être entraîné au-delà de ce qu'il veut, de ce qu'il doit vouloir. Ils ne seraient donc pas tous réunis; et l'on sait qu'un seul, restant neutre, cette neutralité serait l'arrêt de tous les autres.

La France a maintenant dans son sein toutes ces vieilles phalanges qui formaient des garnisons lointaines dans ses jours de malheur ; elle a aussi retrouvé ces braves que le sort de la guerre avait rendus prisonniers. Cette masse réunie est une force inébranlable. Le peuple français peut retrouver avec elle le chemin des capitales des peuples. Malheur aux princes qui nous appelleraient à ce voyage!

Qu'ils respectent le repos auquel Napoléon se résigne. Content de rendre à la France son rang, sa gloire, son énergie, il veut oublier qu'elle est forte pour ne s'occuper que de son bonheur. Il veut la paix, il demande la paix, mais sans rien craindre, comme sans rien souffrir de l'étranger. La France, sous Napoleon, ne reçoit de lois de personne ; c'est assez pour les peuples qu'elle renonce à leur en dicter.

Le roi parlait lui-même dans le sens des pamphlétaires. Le 16 il annonçait la guerre civile et la guerre étrangère à la chambre des députés ; le 18 il les annonçait aux soldats. Il semblait que plus de trois cent mille étrangers fussent prêts à fondre sur nous ; que lui seul les retint; que bientôt il n'allait plus pouvoir les arrêter.

On ne fut pas sa dupe; et, malgré ses discours, ses écrits, la tranquillité ne fut pas troublée un instant; il ne lui resta que la honte d'avoir voulu lui même allumer la guerre civile, pour se soutenir sur un trône dont le peuple et l'armée se réunissaient pour le repousser.

Louis ne devait pas lutter contre une volonté si prononcée. La défense est un devoir quand il y quelqu'espoir de réussite; elle devient un crime quand on fait, à plaisir, répandre un sang évidemment inutile. Dans cette circonstance, Louis devait descendre du trône sans exciter de troubles; il devait montrer la grandeur d'âme de son rival, qui en descendit, il y a un an, quand il pouvait encore s'y soutenir, et qui y revient aujourd'hui sans qu'un seul citoyen ait versé du sang pour sa cause. Louis, en agissant ainsi, eût emporté l'estime des Français, tandis qu'il n'emportera que leur mépris pour avoir voulu les sacrifier à ses préjugés et à sa folle ambition.

Le 19, le roi sortit de Paris à minuit; il allait, disait-il, se réunir à des Français mieux fortifiés, et y organiser ses troupes pour reparaître avec avantage contre l'ennemi. Il paraît maintenant que, s'il tient parole, cette organisation se fera chez l'étranger : il aurait tort. Appeler l'étranger sur la France, c'est mettre à nu les odieux principes de son gouvernement; c'est déclarer de nouveau que le peuple est sa propriété. Une nation généreuse ne connaît plus ces principes outrageans. Si Louis paraît avec les ennemis de la France, la France ne verra plus en lui que son plus grand ennemi. Ses partisans même se réuniront à la masse des citoyens pour la défense commune et pour l'accabler lui-même.

Le salut de la patrie, c'est-là le ralliement des citoyens; lorsqu'elle est menacée, ils ne forment plus qu'un faisceau où tous les sentimens, toutes les opinions, tous les partis doivent se trouver réunis et confondus. C'est-là la force des nations; c'est la base de la prospérité des empires.

Le départ du roi fit d'ailleurs peu de sensation à Paris. On s'y attendait depuis plusieurs jours. Tous les esprits, toutes les vues se portèrent de suite vers Napoléon. On apprit, le 20 avant midi, qu'il devait arriver le jour même. On se porta en foule vers la barrière, et bientôt plus de cent mille personnes de tout âge et de tout état obstruaient la route

qu'il devait tenir et les rues où il devait passer.
J'ai vu moi-même ce cortége étonnant; à trois
lieues de la capitale la foule était aussi grande
qu'à la barrière. La même affluence avait lieu
dans la ville et sur la place du château. L'enthousiasme le plus vif et le plus vrai animait
tout le monde; l'expression de la joie éclatait
sur tous les visages. Tout paraissait reprendre
un nouvel être ; tout renaissait au bonheur. Le
souvenir des Bourbons était déjà loin. On eût
dit que la France sortait d'un long engour-
dissement; on eût dit qu'elle renaissait en ce
moment plus brillante et plus belle que jamais.
L'empereur et toute sa garde s'avançaient ainsi
au milieu de deux haies de peuple dont les
cris, dont les félicitations s'élevaient jusqu'aux
nues. Toute la méchanceté des Bourbons était
oubliée : on ne pensait qu'à se réjouir. Si on
déplorait encore les malheurs qu'ils avaient
voulu faire tomber sur la France, ce n'était
que pour bénir le génie qui nous en préservait.

FIN.

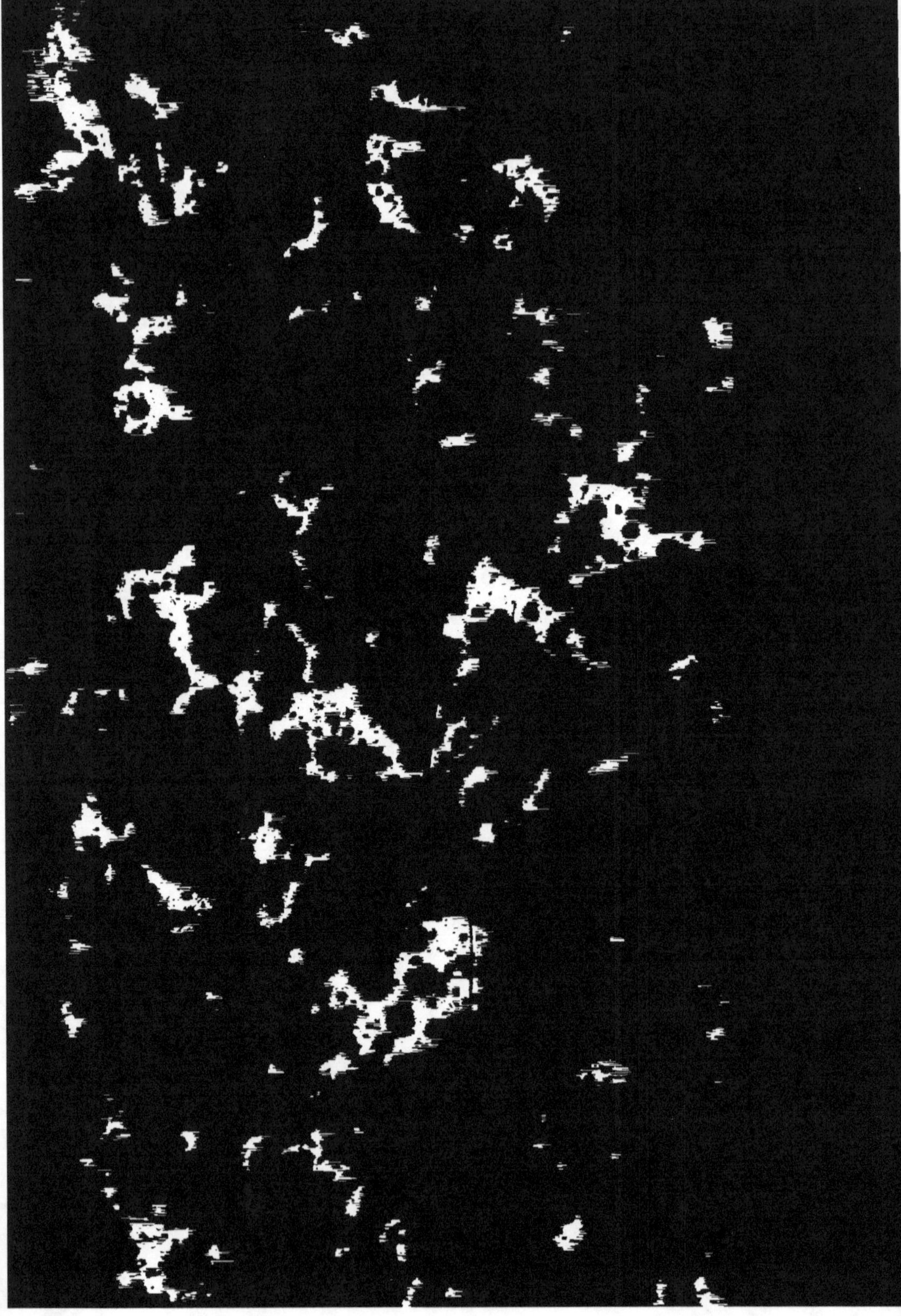